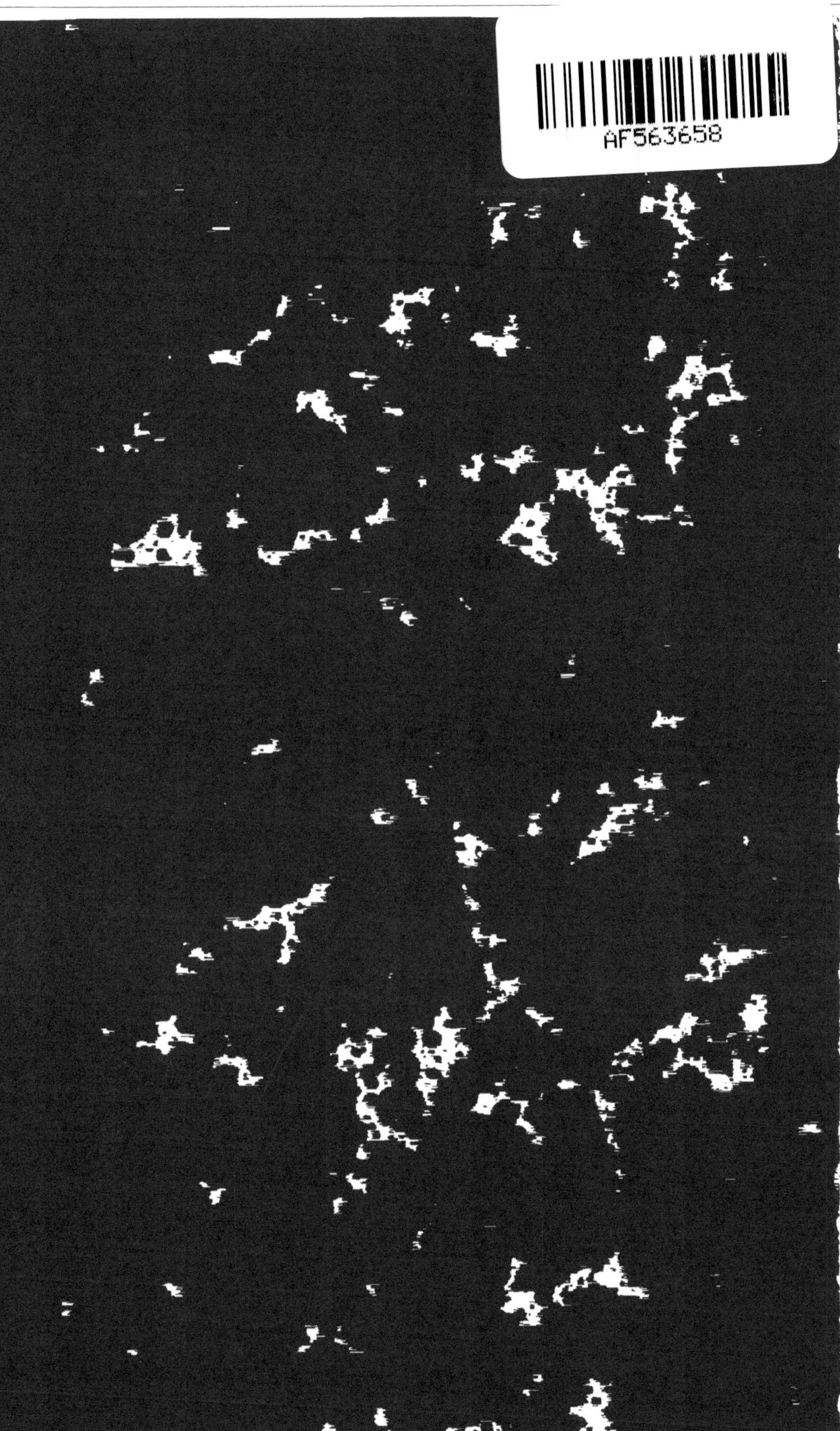

DISCOURS

SUR

L'ABOLITION

DE LA PEINE DE MORT.

PA RM. DE CRESSY, ÉLECTEUR.

Lu aux Amis de la Vérité.

A PARIS,

De l'Imprimerie de BOULARD, Imprimeur Libraire de la Section du Palais-Royal, rue neuve Saint-Roch, n° 51.

Et chez GRÉGOIRE, Libraire, rue du Coq, près le Louvre.

1791.

On trouve chez les mêmes Libraires, & du même Auteur, l'Ouvrage ſuivant :

Eſſais ſur les Mœurs, ou point de Conſtitution durable ſans mœurs.

DE L'ABOLITION.

DE

LA PEINE DE MORT.

Ut homo hominem, non iratus, non timens, tantum ſpectaturus occidat.

Sénec de Clém.

De ſorte que l'homme tue l'homme, ſans colère & ſans crainte, ſeulement pour jouir du plaiſir de le voir mourir.

Lorsque dans Athènes, le Hérault faiſoit retentir la place publique de ces mots : Que celui qui veut parler a la Patrie, monte a la Tribune ; alors le Citoyen le plus obſcur, animé par l'amour du bien public, couroit s'en emparer, & oublioit qu'il parloit devant des Démoſthènes. Pour moi, Meſſieurs, je n'oublie pas que je ſuis devant des Orateurs, dont le langage eſt ſublime comme la liberté; mais je ſais auſſi que je ſuis devant des hommes, & que je plaide la cauſe de l'humanité. L'intérêt du ſujet, votre ſenſibilité me tiendront lieu d'éloquence.

Si l'on vous diſoit qu'il exiſte au dix-huitième ſiecle, un peuple chez qui les loix ordonnent l'homicide, vous mettriez ce peuple au rang des Cannibales, ou plutôt vous relégueriez ce fait parmi les atrocités imaginaires que la miſantropie, dans ſes noirs accès, a quelquefois prêté aux inſtitutions ſociales, pour ſe plaire à les décrier, & vous ne pourrriez croire qu'un peuple humain & éclairé, put laiſſer ſubſiſter des loix auſſi cruelles. Comment penſer en effet, que des hommes ſenſibles, inſtruits & raiſonnables, puiſſent ſe refuſer à la pitié, ce ſentiment conſervateur, qui par un retour ſur nous-même, nous met à la place de celui qui ſouffre, nous attendrit ſur ſon ſort, & ne nous laiſſe, avec le ſentiment de ſa douleur, que le deſir de l'en ſoulager? Comment, dis-je, s'imaginer que ces mêmes hommes puiſſent, ſans colère, comme ſans crainte, ôter la vie à leurs ſemblables, uniquement pour le plaiſir de les voir mourir, ou pour obéir à des loix qui n'ont pour elles que leur antique férocité? Eh bien, Messieurs, l'on vous auroit parlé d'un peuple dont on vante les lumières, l'humanité, la douceur, des François enfin, & l'on ne vous auroit rien dit de trop.

Voulez-vous vous en convaincre? Ouvrez notre Code pénal, ce Code de sang, si bien nommé le Code Criminel, qu'on seroit tenté de croire que l'épithète qui le caractérise, n'est que le mot de la réprobation, ou que l'expression de l'indignation, qu'une ame sensible a pu laisser échapper, dans ces momens où la vue d'un acte sanguinaire, excite en elle une sainte horreur. Ouvrez-le ce Code, vous y lirez tous les assassinats juridiques; vous y verrez partout la mort, frappant presque tous les coupables, quelque soit la différence de leurs délits, vous la verrez avec toutes ses variantes, inutilement cruelles, puisque c'est toujours la mort, mais qu'une combinaison monstrueuse & profonde, dans l'art de torturer les hommes, a pris plaisir à rendre plus ou moins désespérantes.

Nous blâmons les anciens, nous les traitons de barbares, parce qu'ils ont immolé des hommes à des Divinités farouches. Nous nous indignons contre ces spectacles tragiques, où les Athletes s'entre-égorgeoient entre eux, pour charmer les ennuis de quelques oisifs inhumains (1); & nous ne pensons pas, dans l'étalage de notre sensibilité, que nous sommes aussi barbares qu'eux. Ah! ne nous vantons plus de notre philosophie, de nos lumières, de notre humanité: faisons mieux, hâtons-nous d'en faire usage. Abolissons ces loix qui torturent & massacrent les hommes sans la moindre utilité. Réalisons le vœu de ce Chevalier, défenseur courageux de l'humanité, de Beccaria, qui le premier en reclama, mais inutilement, les droits. Le Despotisme, qui craint

---

(1) Les femmes elles-mêmes, à qui la nature paroît avoir donné un cœur plus sensible qu'à l'homme, y trouvoient des délices comme les nôtres en trouvent aux grandes exécutions.

Il faut lire Pindare, pour connoître jusqu'à quel dégré les femmes peuvent pousser le sang-froid de la cruauté.

> --- Consurgit ad ictus,
> Et quoties victor, ferrum jugulo inferit, illa,
> Delitias ait esse suas, pectus que jacentis,
> Virgo modesta jubet, converso pollice, rumpi.

On croit lire dans ces vers, le récit d'une Fête d'Antropophages.

toujours, parce qu'il a toujours lieu de craindre, empêchoit alors les idées utiles de germer, & étouffoit les ſentimens généreux. Les tems ſont venus, où la raiſon & la pitié ne crieront plus dans le déſert. La liberté doit en rendant les hommes égaux, les rendre tous humains, ou ce n'eſt point la liberté. Ce n'eſt qu'un eſprit de parti qui, en agitant & faiſant mouvoir les hommes en ſens contraire, pour des intérêts particuliers, mis à la place de l'intérêt général, va les porter à s'entre-égorger, juſqu'à ce que le plus foible ſoit ſoumis au plus fort, & courbe ſa tête ſous le deſpotiſme qu'on lui impoſe: Mais ſous l'empire de la liberté, on a droit de tout attendre, & l'humanité doit reſpirer. Déjà, en marchant ſur les traces de l'immortel Beccaria, un jeune Magiſtrat, dont l'ame fait honneur à la vertu, comme les écrits le font à la littérature, M. Paſtoret, dans ſon Ouvrage des Loix Pénales, en a fait entendre la voix, & a porté de nouveaux coups à l'hydre que j'attaque. Muni de leurs armes, je ſerai plus heureux qu'eux. Je parle à des amis de la vérité, à des hommes ſenſibles, je ſuis sûr du triomphe. Je le trouverai dans la juſteſſe de vos esprits, comme dans la bonté de vos cœurs.

Peut-être, répéterai-je quelquefois, ce qui a été dit avant moi, mais l'on ne sauroit trop rebattre les idées utiles ; & j'aurois encore rendu service à l'humanité, si en ne vous rappelant que des réflexions déjà faites, je puis hâter de quelques instans, l'abolition des peines capitales.

N'attendez pas de moi, Messieurs, que je détaille tous les crimes que la Loi punit de mort, ce seroit continuellement déchirer vos cœurs. Le tableau de plus de cent quinze délits, donnant lieu à tous les divers homicides légaux, que le génie de la destruction ait pu inventer, il y a de quoi mourir de douleur; je ne parlerai que de l'assassinat. Toutes les raisons qui ont été données pour porter des peines capitales contre ceux qui s'en rendent coupables je les rappelerai, & je n'en affaiblirai pas la force. Je serai scrupuleux jusqu'à conserver les termes. Je ne dissimulerai pas même que j'ai contre moi les Oracles du génie politique, les Montesquieu, les J. J. Rousseau, les Mably & Filangieri, ce Montesquieu de l'Italie, que la mort a frappé jeune encore, & trop-tôt pour la littérature & le bonheur de ſon pays. Cependant quelqu'impoſans que ſoient ces grands noms, quelque redoutables que ſoient de pareils Athletes, ma jeuneſſe n'en eſt point effrayée, & j'oſe dans ce cirque, entrer en lice avec eux. On eſt fort quand on parle en faveur de l'humanité, la ſenſibilité nous tient lieu du génie.

Je commence par examiner ſi dans l'état de nature, l'homme a droit de tuer celui qui attente à ſa vie. Mably & Filangieri ſont pour l'affirmative, mais ni l'un ni l'autre ne prouve ce droit. Écoutons Mably : voici ce qu'il dit (1). « Dans l'état de nature, j'ai droit de » mort contre celui qui attente à ma vie. » Il ne dit rien de plus : Voici maintenant ce qu'avance Filangieri (2). « Dans l'état d'in» dépendance naturelle, ai-je droit de tuer » l'homme injuſte qui m'attaque ? » Après cette queſtion, il ajoute. « Perſonne ne doute de ce » principe. » Perſonne ne doute de ce principe ! j'en doute moi. Et certes, quand il s'agit de verſer le ſang des hommes, il eſt bien permis

(1) Principes des Loix, liv. 3. chap. 4.

(2) La Science de la Légiſlation - Liv. 3. part. 2. chap. 5.

de douter ſi l'on en a le funeſte droit. Ne ſoyons pas ſi tranchans dans les diſcuſſions d'une pareille importance. Dépouillons-nous de toutes paſſions, & n'écoutons que la raiſon. Conſultons-là, elle ne nous prouvera jamais, comment on a droit ſur la vie de ſon aggreſſeur.

Le ſeul droit que l'homme ait dans la nature, eſt celui de veiller à ſa conſervation. De ce droit dérive par une conſéquence néceſſaire, celui d'uſer de tout ce qui peut y concourir, & par ſuite, celui de ſe défendre contre toute attaque. Mais le droit de ſe défendre entraîne-t-il avec lui celui de tuer ? Non. A la vérité, il permet bien indiſtinctement l'uſage de tous les moyens qui peuvent repouſſer l'aggreſſeur, & l'empêcher de nuire; cela eſt certain. Ce qui l'eſt encore, c'eſt que de l'emploi de tous ces moyens, il en peut bien réſulter la mort, pour celui qui attaque ; mais on ne peut pas dire pour cela qu'on ait droit de la donner : car ce ſeroit conclure de la poſſibilité au droit, & il y a loin de l'un à l'autre.

Si le droit de donner la mort à celui qui a voulu nous ôter la vie, pouvoit exiſter, il en réſulteroit néceſſairement, que même après l'avoir désarmé, on conserveroit encore le droit de tuer son aggresseur, puisque l'impossibilité où il se trouve alors de nuire, ne sauroit anéantir la volonté qu'il en a eue. Convenons donc que l'intention où est l'aggresseur d'ôter la vie à celui qu'il attaque, ne sauroit donner à l'homme attaqué, aucun droit sur ses jours. Convenons à plus forte raison, que tuer l'ennemi, qui ne peut plus nuire, est un véritable assassinat La possibilité de le commettre avec impunité, n'en constitua jamais le droit, que chez les Despotes.

Je poursuis. L'homme attaqué vient de tomber sous les coups de l'assassin. Ceux qui s'intéressoient à son existence, entraînés par l'excès d'une douleur réduite au désespoir, ne respirent plus que pour venger sa mort dans le sang du coupable. Sans doute, ce premier mouvement est bien pardonnable aux ames sensibles; mais il ne sauroit donner à personne un droit que l'homme immolé n'avoit pas lui-même. Eh où vas-tu malheureux! tu cours venger la mort de ton père! ah! dis plutôt, ta sensibilité si cruellement blessée! je partage ta douleur, tu pleures un objet tendrement aimé. Mais, dis? le sang du coupable que tu vas répandre, le rendra-t-il à tes regrets & à tes larmes? Appaiſe les ſentimens deſtructeurs qui t'animent. Ne permets pas à la ſenſibilité, qui t'a été donnée par l'Auteur de la Nature, pour t'attendrir ſur les maux de ton ſemblable & les ſoulager, d'armer tes mains du fer d'un vil aſſaſſin. Si la vengeance étoit dans la nature, l'eſpèce humaine, dès le premier crime qui a enſanglanté la terre, ſe ſeroit ſucceſſivement maſſacrée, & auroit ainſi dès ſon origine, diſparu du temple de la création.

Si le droit de tuer ſon aggreſſeur, n'exiſte pas dans la nature, non plus que celui de la vengeance, que dire de la peine du talion, que quelques Ecrivains ont vantée comme une juſtice dérivant de la nature, ſinon qu'elle étoit une abſurde & monſtrueuſe férocité. Pour le prouver, ſuivons cette loi juſques dans ſes conſéquences les plus éloignées poſſibles, & nous verrons que comme elle *eſt une punition entièrement ſemblable au mal que l'on a fait à un autre*, il s'en ſuivroit que l'innocent ſeroit ſouvent puni pour le coupable. Ce que j'avance eſt exact. Ecoutez, & jugez. Un ſcélérat ôte la vie au ſeul objet qui me reſte, à mon fils, la conſolation & le ſoutien de mes vieux jours.

Me contenterai-je de donner la mort à cet aſſaſſin? Non ſans doute: car la mort eſt le terme des ſouffrances, & en la lui donnant, je n'en vivrois pas moins malheureux. Il faut donc pour ma vengeance, qu'il faſſe plus que de mourir. Il faut qu'il vive, &, comme il eſt père auſſi, il faut que je tue ſon fils, afin que ſa peine ſoit telle que la mienne, & qu'il ait à pleurer, comme moi, la perte de ſon fils. Voilà la conſéquence atroce, mais cependant néceſſaire; qu'entraîneroit avec elle la peine du talion, ſi la férocité étoit toujours conſéquente, puiſque le talion eſt, je le repète, *une punition entièrement ſemblable au mal que l'on fait à un autre*. Ah! ne prêtons plus à la nature les intentions de l'homme dégénéré. Ce ſeroit blaſphémer ſon auteur. Plaignons, plaignons plutôt l'eſpèce humaine, qui, lorſqu'elle ceſſe d'écouter cette même nature, qui parle ſi fortement à la raiſon & au cœur, ſe range au-deſſous des bêtes les plus ſanguinaires, & va juſqu'à dévorer ſon ſemblable. Jamais le tigre ne s'alimenta d'un animal de ſon eſpèce.

Le ſeul droit qui, dans l'état de nature, puiſſe réſulter de la défenſe perſonnelle & réelle, n'eſt donc que celui d'empêcher l'ennemi de nuire, & de ce dernier droit, dérive à mon ſens celui de le faire eſclave. En effet, ſi je laiſſe aller mon aggreſſeur après l'avoir vaincu, & lui avoir ôté ſes armes, ma ſûreté reſte toujours en danger; il peut trouver de nouvelles armes, & dans un moment de ſurpriſe, me rendre ſa victime. Ma ſûreté exige donc que je mette mon ennemi dans l'impoſſibilité de trouver jamais le moyen de me nuire; & pour le réduire à cet état, je n'ai abſolument d'autre reſſource que celle de l'enchaîner? Tel eſt, ce me ſemble, le véritable, mais unique droit qui réſulte de la défenſe naturelle; & c'eſt, ſans doute, pour le dire ici de cette manière, que l'eſclavage s'eſt introduit dans les Sociétés politiques. D'abord, pour ôter à un brigand tout pouvoir de tuer, on lui aura donné des fers; enſuite, comme nul n'eſt obligé d'en nourrir un autre, quand il peut dans ſon travail trouver ſa ſubſiſtance, il aura été obligé de cultiver la terre pour pourvoir à ſa nourriture; & s'il a recueilli au-delà de ſes beſoins, on ſe ſera emparé de ſon ſuperflu. Maintenant, ſuppoſez deux individus, mais d'un ſexe différent, mis par une famille, & pour la même cauſe, dans les liens de l'eſclavage, & vous concevrez comment, ſans être coupables du crime des auteurs de leurs jours, les enfans ont cependant pu naître, vivre & mourir eſclaves. La défenſe perſonnelle ou réelle, n'exerça, dans l'origine, qu'un droit naturel & légitime; mais l'intérêt, le vil, l'égoïſte intérêt, qui a couvert la terre de tant de crimes, aura, pour acquérir, ou pour conſerver ſes profits, élevé & maintenu l'enfance ſous le joug.

Je reviens à mon ſujet, & je dis, que ſi j'ai prouvé, comme je crois l'avoir fait, que l'homme, dans l'état de nature, n'a pas le droit de tuer celui qui l'attaque, il s'enſuit que ce droit ne ſauroit exiſter dans l'état ſocial, puiſque l'état ſocial n'eſt que la miſe en commun, des droits que chacun tient de la Nature, & que nul ne peut lui confier l'uſage d'un droit qu'il n'a pas. Mais quand j'accorderois que le prétendu droit de tuer ſon aggreſſeur exiſte dans la Nature, ce qui n'eſt pas, on n'en pourroit rien conclure; car il reſteroit encore à examiner s'il peut avoir lieu dans l'état ſocial. Prouvons qu'il n'exiſte pas plus dans ce dernier état que dans le premier; mais voyons avant, ce que c'eſt qu'un aſſaſſin, par rapport à la ſociété.

Un aſſaſſin, par rapport à la ſociété, eſt un

homme qui attaque le pacte social dans sa première base, la conservation de tous les contractans; conservation qui entraîne avec elle la réunion de tous, pour la défense de chaque individu. Un assassin se déclare donc l'ennemi de la société, en l'attaquant dans la convention générale. La société, dès-lors, se trouve donc en état de guerre par rapport à lui; mais l'état de guerre donne-t-il le droit de tuer? Non; & lorsque J. J. Rousseau dit (1) : « qu'alors » le droit de la guerre est de tuer le vaincu », il tombe dans une grande contradiction, & avec la nature de l'état social, qui, comme il le dit lui-même, a pour fin la conservation des contractans, conservation qui ne sauroit se concilier avec aucune idée de destruction, & avec sa première & juste pensée, qui est que « l'on » n'a droit de tuer l'ennemi, que quand on ne peut le faire esclave (2) ».

Envain, pour établir la peine de mort, J. J. Rousseau, en partant toujours de la formation du pacte social, veut la faire dériver du droit que chacun a de risquer sa vie pour la con-

(1) Contrat Social, liv. 2, chap. 5.
(2) Idem. Idem.

ſerver ; faute de diſtinction, il ne fait ici qu'une fauſſe application du principe. Sans doute le principe eſt vrai, ſi on l'applique au droit que les contractans ont de tranſmettre au Souverain, le pouvoir de les envoyer combattre les ennemis de la République ; mais il ceſſe de l'être, quand on veut l'appliquer au droit de punir de mort l'aſſaſſin ; car alors, il n'y a plus un ſimple riſque, mais bien une certitude de perdre la vie ; certitude qui n'exiſte pas dans le cas de guerre, de Nation à Nation, puiſqu'en allant au combat, ſi l'on court riſque d'être tué, on peut auſſi raiſonnablement eſpérer qu'on ne le ſera pas.

Obligé d'accorder que le droit de mort n'exiſte pas dans la nature ni dans l'eſſence du pacte ſocial, comme dérivant du droit de veiller à ſa conſervation ; dira-t-on encore avec Rouſſeau (1), « que c'eſt par la crainte d'être vic- » time d'un aſſaſſin, qu'on a conſenti à mourir, » ſi on le devenoit ? » outre que je pourrois demander où eſt la charte qui contient un pareil conſentement, c'eſt que quand on la pro-

(1) Contrat Social, liv. 2, chap. 5.

duiroit, je dirois encore qu'on n'a pu le donner, la nature le réprouve, & l'on ne prescrit jamais contre la nature; & quoiqu'il ne soit pas à présumer, comme ledit notre Auteur (1), « qu'aucun des contractans prémédite alors de » se faire pendre, » il l'est du moins, qu'aucun n'a pu sciemment & volontairement, s'exposer à périr innocente victime de l'erreur qui accompagne quelquesfois les jugemens des hommes, assurément la crainte d'éprouver un pareil sort est bien aussi fondée que celle de périr victime d'un assassin. Quand on ne feroit que cette réflexion, elle suffiroit seule, pour démontrer l'impossibilité d'un pareil consentement. Il n'y auroit que des fous qui eussent pu le donner, & l'acte de la folie ne fit jamais droit.

Rousseau, Messieurs, n'est pas le seul des Auteurs qui aient écrit pour la peine de mort, qui ait été en contradiction avec lui-même. Montesquieu y est aussi, & d'une manière plus sensible. Après avoir avancé (2) « que l'expé» rience a fait remarquer que dans les pays où » les peines sont douces, l'esprit du citoyen en

(1) Contrat Social, liv. 2. chap. 5.

(2) Esprit des Loix, liv. 6. chap. 12.

est

» eſt frappé, comme il eſt d'ailleurs par les gran» des; » après avoir ajouté « qu'il ne faut point mener les hommes par des moyens extrêmes, & que la cauſe de tous les relachemens vient de l'impunité des crimes, & non pas de la modération des peines. « Monteſquieu finit cependant par dire (1), « qu'un citoyen mé» rite la mort, lorſqu'il a violé la ſociété, au » point qu'il a ôté la vie, ou entrepris de » l'ôter. Mably fait plus encore, il ſe contre» dit dans la même phraſe. « Quoique les Loix » ne puiſſent être trop douces, il faut cepen» dant, dit-il, ſe garder de proſcrire toute » peine capitale. » (2) Mais dites-nous donc, Ecrivains ſenſibles, & qui voulez des peines douces; vous qui penſez qu'il ne faut pas mener les hommes par des moyens extrêmes, dites-nous, ſi la mort eſt de toutes les peines la plus douce. Quoi, vous votez la deſtruction de votre ſemblable, & vous nous parlez de modération. Ah quelle étrange modérarion, ou plutôt quelle palpable contradiction!

Ecrivains Philoſophes, ſi j'ai oſé attaquer vos erreurs, ſi j'ai oſé les mettre au grand

(1) Eſprit des Loix. Liv. 12, Chap. 4.
(2) Principes des Loix. Liv. 3. Chap. 4.

jour, Pardonnez, j'ai du le faire. La vérité & l'humanité m'en ont fait l'impérieuſe loi, mais ne craignez pas que j'afflige vos mânes d'un reproche injuſte, & que je vous accuſe d'inſenſibilité. Non, je ſais tout ce que vous avez fait pour le bonheur du genre humain, & je rends juſtice à vos ames grandes & ſenſibles. Je ne veux, pour votre gloire, qu'effacer de vos immortels Ouvrages, ces rêves menſongers & cruels, enfantés dans le ſommeil de la raiſon & du cœur.

Quelqu'étonnante que ſoit la contrariété des penſées, dans laquelle ſont tombés ceux qui ont écrits pour les peines capitales, j'avouerai, Meſſieurs, que ce qui m'étonne le plus, c'eſt qu'ils n'aient pas apperçu l'abſurde contradiction qui exiſte entre ces mots PUNIR DE MORT. Mais tel eſt l'homme, la peur l'égare; elle le fait déraiſonner, elle glace ſon cœur, & le rend impitoyable. Elle a par fois atteint les génies les plus courageux; & Rouſſeau, Rouſſeau lui-même a ſacrifié à la peur. Sans elle, cette contradiction, faite pour frapper l'intelligence la plus bornée, ne leur eût pas échappé. Punir, c'eſt employer un châtiment qui en portant le coupable à ſe repentir du délit qu'il a commis, l'empêche, par la honte, ou la crainte du mal;

de récidiver. C'eſt en un mot le corriger ; & certes, c'eſt un moyen étrange que de tuer un homme pour le corriger.

Que l'on ne m'objecte pas que dans tous les ſiècles, & chez tous les peuples, la loi à preſque toujours prononcé la peine de mort contre certains coupables; car l'erreur a été de tous les tems, & commune à toutes les Nations, & l'antiquité d'un abus ou d'une cruauté, ne ſauroit en légitimer l'uſage. Politiques ſanguinaires, qui vous appuyez ſur la longue & conſtante inhumanité de tous les peuples, pour faire dériver de la nature le prétendu droit de tuer le coupable; dites moi quelle eſt cette agitation, qui briſe nos cœurs à la vue de celui qu'on exécute, qui nous fait oublier ſon crime pour ne nous laiſſer que le ſentiment de ſes maux, ſinon l'inſtinct naturel de l'humanité, qui réprouve la deſtruction de l'homme, même criminel. Ah ! malheur à celui chez qui la funeſte indifférence, ou l'habitude de voir couler le ſang de l'homme, a étouffé les élans de la pitié. C'eſt un monſtre qu'il faut enchaîner, ſi l'on ne veut pas qu'il nuiſe un jour. Oui, celui qui voit d'un œil ſec la deſtruction de ſon ſemblable, eſt un être féroce, qui ne craindroit pas de le détruire, si son intérêt pouvoit l'y porter.

Je passe une foule de raisons, dont on se sert pour faire valoir l'utilité des peines capitales. Je ne m'arrêterai qu'à celle à laquelle on donne le plus de poids; c'est l'exemple. Il épouvante, dit-on, & son idée suffit pour retenir la main de l'assassin; mais cela n'est pas, & l'impuissance de l'exemple à cet égard, c'est qu'il se commet encore des assassinats. Il s'en commettroit sans lui davantage; je ne le crois pas, & sans parler de la Pensilvanie, de la Toscane & de la Russie qui prouvent contre cette assertion; je pense, au contraire, que le nombre en diminuroit; voici pourquoi. Les scélérats ne craignent pas la mort. La vie qu'ils mènent en est la preuve. Outre qu'ils n'ignorent pas qu'ils peuvent terminer leurs jours sur un échafaud, c'est qu'encore, ils sont souvent exposés à être tués par ceux qu'ils attaquent. Ils savent tout cela, mais leur parti est pris, & tout le monde connoît leur axiôme, qu'un mauvais moment est bien-tôt passé. En effet, ce n'est pas la mort qui est redoutable; mais bien les angoises violentes & longues qui la précèdent & qui la donnent. Que la douleur ſoit rapide, quelle que ſoit ſa violence, elle ceſſera de paroître pénible, pour qui ne verra rien au-delà, ſur-tout s'il ne l'apperçoit que dans l'éloignement, & avec l'eſpoir d'y échapper; & comme l'aſſaſſin eſpère toujours tromper la ſurveillance de la Juſtice, comme il ne voit la mort que ſous un jour éloigné, incertain & paſſager, lorſqu'il réfléchit à celle que la Loi lui réſerve, je dis que l'exemple de la mort le retiendra moins que celui d'hommes condamnés à ſouffrir toute leur vie, ne fût-ce qu'un laborieux & perpétuel eſclavage. Cet exemple, à l'avantage de ne pas accoutumer le peuple à voir de ſang-froid la deſtruction de ſon ſemblable, en réunit un autre, c'eſt qu'il peut ſe reproduire plus ſouvent que celui de la mort; car il eſt de tous les lieux, de tous les jours, de tous les inſtans.

S'il étoit vrai qu'il ne faut qu'épouvanter les hommes pour les empêcher d'être coupables, qu'on nous diſe donc pourquoi l'on voit chez les anciens le nombre des crimes augmenter avec la rigueur des peines? Pourquoi, chez les Iſraélites, les coupables ſe multiplièrent avec les ſupplices? Pourquoi il y eût moins de crimes en Egypte, ſous le règne de Sabacos, qui abolit la peine de mort, que ſous l'empire des Pharaons & des Bocchoris ? Pourquoi il y en eût moins chez les Perſes, du tems d'Artaxerſes, qui ne puniſſoit le coupable qu'en faiſant frapper ſes habits de verges, que ſous les cruels Coſroës, & les ſanguinaires Hormidas ? Pourquoi l'on en vit moins chez les Grecs, après avoir reçu les loix de Solon, que lorſqu'ils étoient épouvantés par le code deſtructeur de l'exécrable Dracon ? Pourquoi l'on vit enfin, moins d'attentats dans Rome, lorſque la loi Porcia eut défendu de mettre à mort un citoyen Romain, que du tems des Décemvirs, qui avoient fait paſſer dans la loi des douze tables, toutes les loix cruelles qui avoient pris leur naiſſance dans le berceau de la république ; ou pourquoi l'on vit plus de forfaits ſous la domination barbare des Tibère, des Caligula, des Néron, des Commodes, des Héliogabales, que ſous le Gouvernement des Titus, des Trajans, des Antonins, des Marc-Aurele.

L'exemple eſt inſuffiſant ; nul, la raiſon & l'expérience le démontrent, & l'utilité de la peine mort, que l'on établiſſoit ſur lui, n'eſt plus dès-lors que chimérique. Parlons maintenant des conſéquences déplorables, qu'une pareille mort entraîne pour le patient. Ecoutons encore Mably; tout en la combattant, il ajoute à la bonté de notre cauſe, & nos armes les plus redoutables, il nous les fournit. « La mort, » dit-il, n'eſt qu'un inſtant, mais c'eſt un inſtant » qui décide de tout; il ouvre les portes de » l'éternité ». L'éternité! quelle effrayante & terrible perſpective; Miniſtre de paix & de miſéricorde, elle n'a pu vous toucher. Vous n'avez pas craint, vous qui devez travailler au ſalut des hommes, de vous rendre l'apologiſte d'une peine homicide, qui ouvre au coupable les portes d'une affreuſe éternité! Comment, c'eſt chez un peuple où les Miniſtres de la Religion ont toujours eu le ſang en horreur, où cette même religion prononce des peines éternelles, comme le châtiment réſervé à l'impénitent; c'eſt chez un peuple chrétien que par les angoiſes d'une mort violente, on jette l'ame du coupable dans toutes les convulſions du déſeſpoir, qu'on l'empêche ainſi de ſe livrer à ce repentir ſalutaire, qui déſarme la juſtice divine, & qu'on la précipite ſans retour dans les profondeurs incommenſurables d'une éternité malheureuſe. Ah! quand vous auriez le funeste droit d'ôter la vie à votre frère, qui l'est encore malgré son crime, dites si cette seule onsidération d'une éternité malheureuse, à laquelle vous le dévouez, ne devroit pas exciter la pitié, & abolir pour jamais la peine de mort.

Mais un scélérat, dit-on, peut rompre ses fers, & la vie des citoyens se trouve alors en danger. Je le sais, tout est possible, & les méchans embarassent toujours. Mais calculez le nombre des captifs qui, après avoir brisé leurs chaînes, pourroient échapper à une surveillance rigoureuse, & qui, malgré tous les signes caractéristiques qui les feroient reconnoître à tout citoyen qui auroit le droit de les arrêter, trouveroient cependant les moyens de rentrer dans la société; calculez, dis-je, ce nombre de fugitifs dangereux, mettez-le en balance avec celui des innocens qui peuvent périr victimes des loix, & vous n'hésiterez pas un moment dans le parti que vous devez prendre. Ah! qui peut se rappeler, sans émotion, les innocens que le poignard de la Justice a immolés! A cette idée, le cœur se gonfle, les larmes coulent, & l'on frémit en pensant que l'erreur peut encore frapper la vertu sans reproche. Entendez ces familles éplorées, qui redemandent aux loix qui les ont victimés, un père ou un époux, que ces loix devoient protéger. Entendez cette veuve infortunée, qui ne pousse, depuis vingt-huit ans, qu'un seul & long gémissement; ses yeux taris de larmes, ne voyent plus que l'heure fatale où son époux, ou Calas, arraché de ses bras, fut entraîné, & mourut sur un échafaud. La tristesse la suit, le deuil l'environne, & tout, jusqu'au ciel qu'elle implore, ne s'offre à ses regards, que voilé d'un sombre crêpe; elle ne vit plus que pour sentir sa peine, c'est la douleur elle-même.

Amis de la vérité, hommes sensibles, dites qui pourroit encore aller contre sa raison & son cœur, & dans l'obstination de l'inhumanité, s'exposer encore à se couvrir du sang de l'innocence?

La raison, la justice, l'humanité, nous l'avons prouvé, proscrivent toute peine capitale. Cependant il est une circonstance, où il est indispensable d'ôter la vie à un citoyen. C'est lorsqu'il attente à la liberté de son pays, & qu'à la tête de factieux, il porte le trouble & l'effroi. Alors, la conservation de l'Etat étant incompatible avec la sienne, il faut qu'il meure. Je prononce ce mot avec peine, mais je le dois à la vérité. Sa captivité ne sauroit rassurer la société. Tant qu'il existera, il peut par ses rélations ou son crédit, trouver les moyens d'en sortir. Ceux de son parti tenteront de les lui fournir, ils peuvent réussir, & la Patrie dès-lors se trouve exposée à de nouveaux dangers. Ainsi, pour que l'Etat soit sauvé, il faut absolument qu'il périsse. Mais excepté ce cas, la peine de mort n'est qu'un assassinat public, contre lequel se soulèvent, & la raison & l'humanité.

Homme, si la raison ne peut te convaincre, si tu est sourd à la voix de l'humanité, si tu persistes à demander la mort de celui qui a attenté à tes jours, approche, il est jugé, entraîné-le sur l'échafaut, saisis-toi de la barre meurtrière, frappes d'un bras assuré, tu est digne de massacrer ton frère. Compte les coups sous lesquels tu brise ses os, contemple d'un œil satisfait ses membres palpitans de douleur, ne perds pas un seul de ces cris lamentables, tu perdrois une jouissance. Arranges sur la roue de torture son corps fracassé, vois couler son sang, il jaillit sur toi, jouis, il expire; tu est vengé. Eh quoi! tu recules d'effroi! Tu n'oses être l'exécuteur de ta vengeance! Mais dis, n'eſt-ce pas à celui qui veut la mort du coupable, à la lui donner ? Tu répugnes à tremper tes mains daus le ſang humain, & tu veux en faire la loi à un autre. Pourquoi, quand tu n'en a pas le cruel courage, veux-tu impoſer à un homme, s'il eſt ſenſible, le devoir barbare de faire mourir ſon ſemblable ? Comment être homme, & conſacrer un état d'inhumanité, proſcrire l'aſſaſſin, & ordonner d'en commettre ? C'eſt le comble de la démence, unie à la férocité.

Simpathie tendre & généreuſe, qui invite l'homme à s'approcher de ſon frère, & qui établit entre eux ùn échange de ſecours ; toi, par qui nos maux ſont guéris, nos larmes eſſuiées, nos peines conſolées ; toi, qui nous donnâs l'amitié & toutes les affections douces & aimantes, ſans leſquelles la vie s'écouleroit dans un long & miſérable ennui : humanité, ſi tu ne m'as pas trompé, fais que le ſang humain ne ſoit plus verſé ; échauffe tous les cœurs du deſir qui m'anime, réunis-les dans un même ſentiment, afin qu'ils ne forment plus qu'un même vœu, & que d'un pôle à l'autre, on n'entende plus qu'un cri. *L'Abolition de la peine de Mort.*

Amis de la vérité, vous l'êtes de l'humanité ; j'ai dit, c'eſt à vous de juger.

Je m'occupperai inceſſamment des peines à infliger aux crimes.

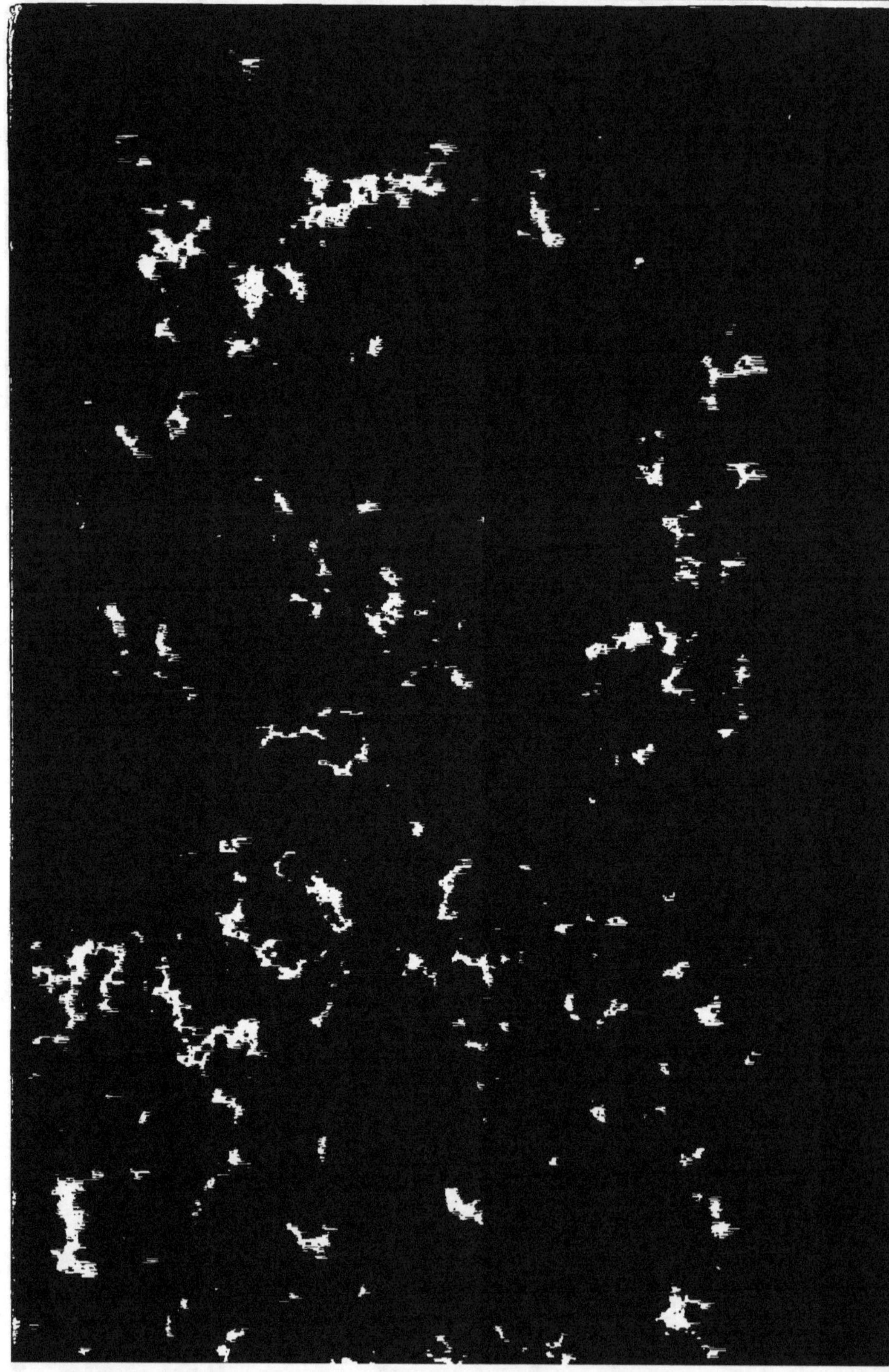

www.ingramcontent.com/pod-product-compliance
Lightning Source LLC
LaVergne TN
LVHW020254230826
846091LV00006B/2409

* 9 7 8 2 0 1 3 2 7 1 0 2 8 *